Neurodegenerative Krankheiten und das Gehirn

Der ultimative Leitfaden für Anfänger zu Ursachen, Symptomen und modernsten Behandlungsmethoden.

(Dinge, die Sie wissen müssen)

Von

Isabella White

Copyright © 2024 bei Isabella White.

Haftungsausschluss: *Die Informationen in diesem Buch basieren auf Recherchen und Erfahrungen des Autors. Es ist nicht dazu gedacht, professionellen medizinischen Rat zu ersetzen. Konsultieren Sie bei gesundheitlichen Problemen immer einen Arzt, bevor Sie Ihre Ernährung, Nahrungsergänzungsmittel oder Trainingsprogramme ändern. Der Autor und der Herausgeber übernehmen keine Haftung oder Verantwortung für Verluste oder Schäden im Zusammenhang mit den in diesem Buch enthaltenen Informationen.*

Inhaltsverzeichnis

Einführung..5

Kapitel 1

Neurodegenerative Erkrankungen verstehen........... 8

Was sind neurodegenerative Erkrankungen?................ 8

Die Komplexität des Gehirns................................... 10

Die häufigsten neurodegenerativen Erkrankungen.......13

Kapitel 2

Ursachen und Risikofaktoren.................................16

Genetische Ursachen..16

Umweltfaktoren.. 20

Lebensstilrisiken... 23

Das alternde Gehirn... 25

Kapitel 3

Frühe Anzeichen und Symptome.............................29

Gedächtnisverlust und Demenz.................................29

Motorische Beeinträchtigung................................... 32

Kognitiver Verfall...34

Verhaltens- und psychologische Symptome.................35

Kapitel 4

Krankheitsverlauf und Auswirkungen auf das

Gehirn Funktion..38

Stadien neurodegenerativer Erkrankungen.................38

Gehirnveränderungen und Degeneration....................41

Kapitel 5
Diagnose und Prognose..44
Neuropsychologische Tests..44
Gehirnscan..47
Lumbalpunktionen...49

Kapitel 6
Behandlungsansätze und ihre Grenzen....................52
Medikamente und Therapien.....................................52
Nebenwirkungen und Risiken....................................55
Herausforderungen in der Behandlung...................57
Neue Behandlungen..59
Die Bedeutung frühzeitiger Intervention................62

Kapitel 7
Lebensstilinterventionen und unterstützende
Pflege..64
Bewegung und Physiotherapie..................................64
Ernährung und Diät..66
Unterstützende Pflege und Dienstleistungen.........68

Kapitel 8
Unterstützung von Menschen mit
neurodegenerativen Erkrankungen Krankheiten...70
Pflegestrategien..70
Lebensqualität erhalten..73
Rechtliche und finanzielle Planung..........................75
Kommunikationstipps..77

Abschluss..80
Verweise..83
Ressourcen...84

Einführung

Neurodegenerative Erkrankungen gehören heute zu den verheerendsten und verwirrendsten Erkrankungen, mit denen sowohl Patienten als auch Ärzte konfrontiert sind. Diese Erkrankungen, zu denen unter anderem die Alzheimer-Krankheit, die Parkinson-Krankheit und die Huntington-Krankheit gehören, beinhalten die fortschreitende Degeneration und den Tod von Neuronen im Gehirn und Nervensystem.

Dieser neuronale Verlust führt im Laufe der Zeit zu einer Verschlechterung der kognitiven, Verhaltens- und motorischen Funktionen. Während die Ursachen der meisten neurodegenerativen Erkrankungen weitgehend unbekannt sind, glauben Forscher, dass ein komplexes Zusammenspiel von genetischen, umweltbedingten und Lebensstilfaktoren zu ihrer Entwicklung und ihrem Fortschreiten beiträgt. Das Alter ist der größte Risikofaktor, da die meisten neurodegenerativen Erkrankungen im späten Erwachsenenalter auftreten.

Die Diagnose einer neurodegenerativen Erkrankung kann für Patienten und ihre Familien schwierig und lebensverändernd sein. Neben einer Verschlechterung des Gedächtnisses, der Bewegungsfähigkeit und der Unabhängigkeit führen diese Störungen häufig auch zu Angstzuständen, Depressionen und einer verminderten Lebensqualität. Auch Betreuer sind zutiefst betroffen, wenn sie Zeuge des allmählichen Funktionsverlusts ihrer Angehörigen werden.

Trotz großer Forschungsanstrengungen in den letzten Jahrzehnten gibt es immer noch keine Heilung für diese verheerenden Krankheiten. Die Behandlung konzentriert sich auf die Symptombehandlung durch Medikamente und Therapien, die darauf abzielen, die tägliche Funktion und Lebensqualität zu verbessern. Die Wirksamkeit der verfügbaren Interventionen bleibt jedoch begrenzt.

Es ist klar, dass wir bei unserem Verständnis der Pathologie neurodegenerativer Erkrankungen und der wirksamen Behandlung dieser Erkrankungen noch weit entfernt sind. Ziel dieses Buches ist es, den Lesern einen umfassenden Überblick über unser aktuelles Wissen über häufige neurodegenerative Erkrankungen zu geben.

In den folgenden Kapiteln werden wir die vermuteten Ursachen und Risikofaktoren für Erkrankungen wie Alzheimer und Parkinson untersuchen. Wir werden uns auch mit dem klinischen Erscheinungsbild, der Diagnose, dem Krankheitsverlauf und den Managementstrategien befassen. Darüber hinaus werden aktuelle Forschungsergebnisse zu neuartigen Behandlungsmethoden und präventiven Ansätzen besprochen.

Dieses Buch wird den Lesern die Informationen liefern, die sie benötigen, um diese komplexen Krankheiten besser zu verstehen. Mein Ziel ist es, die neuesten wissenschaftlichen Erkenntnisse auf zugängliche Weise für Patienten, Betreuer und medizinisches Fachpersonal zu präsentieren, die über die Behandlung und Forschung neurodegenerativer Erkrankungen auf dem Laufenden bleiben möchten. Auch wenn viele Geheimnisse bestehen bleiben, sind wir mit Wissen besser in der Lage, mit diesen herausfordernden Krankheiten umzugehen und sie zu überwinden.

Kapitel 1

Neurodegenerative Erkrankungen verstehen

Was sind neurodegenerative Erkrankungen?

Neurodegenerative Erkrankungen sind eine Gruppe von Erkrankungen, die die Struktur und Funktion des Gehirns und des Nervensystems beeinträchtigen. Sie sind durch den fortschreitenden Verlust von Neuronen gekennzeichnet, den Zellen, die Informationen im Gehirn und anderen Teilen des Nervensystems übertragen und verarbeiten.

Wenn Neuronen absterben oder beschädigt werden, verursachen sie verschiedene Symptome wie kognitive Beeinträchtigungen, Gedächtnisverlust, Bewegungsstörungen, Stimmungsschwankungen und sensorische Probleme.

Zu den häufigsten neurodegenerativen Erkrankungen zählen die Alzheimer-Krankheit, die Parkinson-Krankheit, die Huntington-Krankheit, die Amyotrophe Lateralsklerose (ALS) und die Multiple Sklerose (MS). Diese Krankheiten haben unterschiedliche Ursachen, Risikofaktoren und Erscheinungsformen, weisen jedoch einige gemeinsame Merkmale und Herausforderungen auf.

Sie sind zum Beispiel alle unheilbar, chronisch und kräftezehrend; Sie betreffen Millionen von Menschen weltweit und stellen eine enorme Belastung für Einzelpersonen, Familien und die Gesellschaft dar; und es gibt keine definitive Diagnose, Vorbeugung oder Behandlung. Die genauen Mechanismen der Neurodegeneration sind nicht vollständig geklärt. Dennoch haben Forscher einige mögliche Faktoren identifiziert, die zum

Ausbruch und Fortschreiten dieser Krankheiten beitragen.

Dazu gehören genetische Mutationen, Umweltgifte, oxidativer Stress, Entzündungen, Proteinaggregation, mitochondriale Dysfunktion und beeinträchtigte Zellkommunikation. Das Verständnis dieser Faktoren und ihrer Wechselwirkungen ist entscheidend für die Entwicklung neuer Strategien zur Bewältigung und Überwindung neurodegenerativer Erkrankungen.

Die Komplexität des Gehirns

Das Gehirn ist das komplexeste und faszinierendste Organ des menschlichen Körpers. Es besteht aus Milliarden von Neuronen und Billionen von Verbindungen, die es uns ermöglichen, zu denken, zu fühlen, zu lernen, uns zu erinnern und unzählige andere Funktionen auszuführen. Das Gehirn ist auch das Kontrollzentrum des Nervensystems, das alle Aktivitäten des Körpers wie Atmung, Herzschlag, Verdauung, Bewegung und Empfindungen reguliert.

Das Gehirn besteht aus drei Hauptteilen: dem Großhirn, dem Kleinhirn und dem Hirnstamm. Das Großhirn, der größte Teil des Gehirns, ist in zwei Hemisphären unterteilt, die durch den Corpus callosum verbunden sind. Es ist für höhere kognitive Funktionen wie Sprache, logisches Denken, Problemlösung, Kreativität und Emotionen verantwortlich.

Das Großhirn ist ebenfalls in vier Lappen unterteilt: den Frontallappen, den Parietallappen, den Temporallappen und den Hinterhauptslappen. Jeder Lappen hat spezifische Funktionen und verarbeitet unterschiedliche Arten von Informationen.

Das Kleinhirn befindet sich im hinteren Teil des Gehirns und koordiniert Bewegung, Gleichgewicht, Haltung und Koordination. Das Kleinhirn spielt auch eine Rolle beim Lernen, Gedächtnis und Kognition. Der Hirnstamm ist der unterste Teil des Gehirns und verbindet das Gehirn mit dem Rückenmark.

Der Hirnstamm steuert lebenswichtige Funktionen wie Atmung, Herzschlag, Blutdruck und Schlaf. Der Hirnstamm enthält auch mehrere Strukturen, die an sensorischen und motorischen Bahnen beteiligt sind, wie den Thalamus, den Hypothalamus, das Mittelhirn, die Pons und die Medulla oblongata.

Auch das Gehirn besteht aus verschiedenen Zelltypen, etwa Neuronen, Gliazellen und Blutgefäßen. Neuronen sind die Grundeinheiten des Nervensystems und kommunizieren untereinander über elektrische und chemische Signale. Neuronen bestehen aus drei Hauptteilen: dem Zellkörper, dem Axon und den Dendriten. Der Zellkörper enthält den Zellkern und andere Organellen, die die Funktion des Neurons unterstützen.

Das Axon ist eine lange Projektion, die Signale vom Zellkörper zu anderen Neuronen oder Zielzellen überträgt. Die Dendriten sind kurze Äste, die Signale von anderen Neuronen oder Sinnesreize empfangen. Neuronen bilden komplexe Netzwerke und Schaltkreise, die den Funktionen und Verhaltensweisen des Gehirns zugrunde liegen.

Gliazellen sind die unterstützenden Zellen des Nervensystems und sind den Neuronen um etwa 10 zu 1 überlegen. Gliazellen haben verschiedene Aufgaben, etwa die Bereitstellung struktureller und metabolischer Unterstützung, die Aufrechterhaltung der Blut-Hirn-Schranke, die Modulation der synaptischen Übertragung und die Teilnahme an Immun- und Entzündungsreaktionen. Zu den Haupttypen von Glia gehören Astrozyten, Oligodendrozyten, Mikroglia und Ependymzellen.

Blutgefäße sind die Röhren, die Blut durch den Körper und das Gehirn transportieren. Das Blut transportiert Sauerstoff, Nährstoffe, Hormone und Abfallprodukte zum und vom Gehirn. Das Gehirn verbraucht etwa 20 % des Sauerstoffs und der Glukose des Körpers, obwohl es nur 2 % des Körpergewichts ausmacht.

Der Gehirnkreislauf ist ein Netzwerk aus Gehirnarterien, Venen und Kapillaren, das die Blutversorgung des Gehirns reguliert. Der Gehirnkreislauf ist auch mit dem Körperkreislauf verbunden, der das Blut an den Rest des Körpers verteilt.

Das Gehirn ist ein bemerkenswertes Organ, das es uns ermöglicht, die Welt zu erleben und mit ihr zu interagieren. Allerdings ist das Gehirn auch anfällig für verschiedene Krankheiten und Störungen, die seine Funktion und Struktur beeinträchtigen können.

Die häufigsten neurodegenerativen Erkrankungen

Die häufigsten neurodegenerativen Erkrankungen sind die Alzheimer-Krankheit, die Parkinson-Krankheit und die Amyotrophe Lateralsklerose (ALS). Diese Erkrankungen zeichnen sich sowohl durch ihre Prävalenz als auch durch die umfassende neuronale Degeneration aus, die sie verursachen.

Die Alzheimer-Krankheit ist wohl die berüchtigtste neurodegenerative Erkrankung. Sie macht bis zu 70 % der Demenzfälle aus. Pathologisch gesehen kommt es bei Alzheimer zur Ansammlung toxischer Proteincluster, sogenannter Beta-Amyloid-Plaques und Tau-Tangles, innerhalb von Neuronen. Dies führt zu einer weitverbreiteten kortikalen Atrophie und einer stetigen Zerstörung des Gedächtnisses, der Wahrnehmung und der Persönlichkeit.

Die Parkinson-Krankheit hingegen zielt selektiv auf dopaminproduzierende Neuronen im Mittelhirn. Die charakteristischen Symptome von Parkinson sind motorische Beeinträchtigungen wie Zittern, Steifheit und verlangsamte Bewegungen. Diese resultieren aus dem Verlust dopaminerger Neuronen in Gehirnbereichen, die die motorische Kontrolle regulieren. Bei Parkinson kommt es außerdem zu einer abnormalen Verklumpung des Alpha-Synuclein-Proteins in Neuronen.

Amyotrophe Lateralsklerose (ALS) betrifft sowohl obere als auch untere Motoneuronen und zerstört die Nervenzellen, die willkürliche Muskelbewegungen steuern. ALS führt aufgrund der Denervierung zu Muskelschwäche, Lähmungen und letztendlich zu Atemversagen. Es verläuft schnell tödlich, wobei die meisten Patienten nur 2 bis 5 Jahre nach der Diagnose überleben.

Während Alzheimer, Parkinson und ALS unterschiedliche klinische Verläufe und Neuropathologien aufweisen, weisen sie gemeinsame Krankheitsmechanismen wie Entzündung und Proteinaggregation auf, die zur Neurodegeneration führen. Aber auch Faktoren wie Alter und Genetik beeinflussen das individuelle Risiko. Beispielsweise erreicht ALS früher seinen Höhepunkt als Alzheimer oder Parkinson und tritt bei Patienten häufig im mittleren Erwachsenenalter auf.

Diese schwerwiegenden neurodegenerativen Erkrankungen haben verheerende Auswirkungen auf die Lebensqualität und Unabhängigkeit. Derzeit verfügbare Behandlungen verlangsamen ihr Fortschreiten nur geringfügig. Wege zu finden, die Neurodegeneration zu stoppen, bleibt eine der größten Herausforderungen in der Medizin und den Neurowissenschaften. Erfolgreiche Therapien müssen möglicherweise auf Mechanismen abzielen, die bei mehreren neurodegenerativen Erkrankungen gemeinsam sind, um einen maximalen Nutzen zu erzielen.

Kapitel 2

Ursachen und Risikofaktoren

Genetische Ursachen

Genetische Ursachen sind ein Faktor, der zur Entstehung neurodegenerativer Erkrankungen beitragen kann. Einige neurodegenerative Erkrankungen werden nach dem Mendelschen Prinzip vererbt, was bedeutet, dass sie durch Mutationen in einem einzelnen Gen verursacht werden, die von einem oder beiden Elternteilen vererbt werden.

Diese Krankheiten sind in der Regel selten und beginnen früh. Beispiele für diese Krankheiten sind die Huntington-Krankheit, die familiäre

Alzheimer-Krankheit, die familiäre Parkinson-Krankheit und einige Formen der spinozerebellären Ataxie.

Andere neurodegenerative Erkrankungen werden durch mehrere Gene beeinflusst, die miteinander und mit Umweltfaktoren interagieren. Diese Krankheiten treten häufiger auf und beginnen später. Beispiele für diese Krankheiten sind die sporadische Alzheimer-Krankheit, die sporadische Parkinson-Krankheit und die amyotrophe Lateralsklerose. Diese Krankheiten werden nicht direkt vererbt, sondern haben eine genetische Komponente, die das Risiko und die Schwere der Erkrankung beeinflusst.

Genetische Studien haben viele Gene identifiziert, die mit neurodegenerativen Erkrankungen assoziiert sind. Diese Gene kodieren für Proteine, die an verschiedenen zellulären Prozessen beteiligt sind, wie z. B. Proteinfaltung, -abbau, -transport und -aggregation; mitochondriale Funktion und Energiestoffwechsel; oxidativer Stress und

Entzündungen; synaptische Funktion und Neurotransmission; und Zellüberleben und -tod.

Mutationen oder Variationen dieser Gene können die normale Funktion dieser Proteine stören und zu neuronalen Schäden oder zum Tod führen. Einige der Gene, die mit neurodegenerativen Erkrankungen in Verbindung gebracht werden, sind unten aufgeführt:

- **APP, PSEN1 und PSEN2:** Diese Gene sind an der Produktion von Amyloid-Beta beteiligt, einem Protein, das Plaques im Gehirn von Alzheimer-Patienten bildet. Mutationen in diesen Genen verursachen die familiäre Alzheimer-Krankheit, eine seltene und früh beginnende Form der Krankheit.

- **APOE:** Dieses Gen kodiert für Apolipoprotein E, ein Protein, das Cholesterin und Lipide im Blut und Gehirn transportiert. Das APOE-Gen weist drei häufige Varianten auf: APOE2, APOE3 und APOE4. Die APOE4-Variante ist mit einem erhöhten Risiko für die sporadische

Alzheimer-Krankheit verbunden, der häufigsten und spätausbrechenden Form der Krankheit.

- **SNCA:** Dieses Gen kodiert für Alpha-Synuclein, ein Protein, das im Gehirn reichlich vorhanden ist und eine Rolle bei der synaptischen Funktion spielt. Mutationen oder Duplikationen dieses Gens verursachen die familiäre Parkinson-Krankheit, eine seltene und früh beginnende Form der Krankheit. Alpha-Synuclein bildet im Gehirn von Parkinson-Patienten auch Aggregate, sogenannte Lewy-Körper.

- **LRRK2:** Dieses Gen erzeugt das Protein Leucin-reiche Repeat-Kinase 2, das Zellen dabei hilft, viele Dinge zu tun, wie zum Beispiel das Zytoskelett zu bewegen, Vesikel zu bewegen und abgestorbene Zellen zu reinigen. Mutationen in diesem Gen sind die häufigste Ursache der familiären Parkinson-Krankheit und erhöhen auch das Risiko einer sporadischen Parkinson-Krankheit.

- **SOD1, TARDBP und C9orf72:** Diese Gene kodieren für Superoxiddismutase 1, TAR-DNA-bindendes Protein 43 bzw. den offenen Leserahmen 72 von Chromosom 9. Diese Proteine sind an verschiedenen zellulären Funktionen wie oxidativem Stress, RNA-Metabolismus und Autophagie beteiligt. Mutationen in diesen Genen sind die häufigsten Ursachen der familiären amyotrophen Lateralsklerose. Diese seltene und tödliche neurodegenerative Erkrankung betrifft die Motoneuronen.

Umweltfaktoren

Umweltfaktoren sind ein weiterer Faktor, der zur Entstehung neurodegenerativer Erkrankungen beitragen kann. Einige Umweltfaktoren sind natürlicher Natur, etwa Luftverschmutzung, Wasserverschmutzung und Bodenqualität. Andere sind künstlich, etwa Pestizide, Metalle, Lösungsmittel und elektromagnetische Felder.

Die Einwirkung dieser Faktoren kann sich auf verschiedene Weise auf das Gehirn und das Nervensystem auswirken, beispielsweise durch die Auslösung von oxidativem Stress, Entzündungen, mitochondrialer Dysfunktion und epigenetischen Veränderungen. Umweltfaktoren können auch mit genetischen Faktoren interagieren und das Risiko und die Schwere neurodegenerativer Erkrankungen beeinflussen.

Einige der Umweltfaktoren, die mit neurodegenerativen Erkrankungen in Verbindung gebracht werden, sind unten aufgeführt:

- **Pestizide, Fungizide und Insektizide:** Hierbei handelt es sich um Chemikalien, die zur Bekämpfung von Schädlingen und Unkräutern in der Landwirtschaft und anderen Bereichen eingesetzt werden. Der Kontakt mit diesen Chemikalien kann das Nervensystem schädigen und das Risiko für Parkinson, Alzheimer und Amyotrophe Lateralsklerose erhöhen.

- **Metalle:** Hierbei handelt es sich um Elemente, die in der Erdkruste vorkommen und durch natürliche oder menschliche Aktivitäten in die Umwelt gelangen können. Einige Metalle wie Eisen, Kupfer und Zink sind für die normale Funktion des Gehirns und des Nervensystems unerlässlich. Allerdings können übermäßige oder mangelhafte Mengen dieser Metalle zu Neurotoxizität und Neurodegeneration führen. Andere Metalle wie Blei, Quecksilber, Arsen und Mangan sind giftig für das Nervensystem und können kognitive Beeinträchtigungen, Bewegungsstörungen und Neurodegeneration verursachen.

- **Lösungsmittel:** Hierbei handelt es sich um Stoffe, die zum Lösen oder Extrahieren anderer Stoffe wie Farben, Klebstoffe, Entfetter und Reinigungsmittel dienen. Der Kontakt mit diesen Substanzen kann das Nervensystem beeinträchtigen und Kopfschmerzen, Schwindel, Gedächtnisverlust und Neurodegeneration verursachen. Einige Lösungsmittel wie Toluol, Benzol und Trichlorethylen werden mit der Parkinson-Krankheit, der Alzheimer-Krankheit und der Atrophie mehrerer Systeme in Verbindung gebracht.

- **Elektromagnetische Felder:** Dabei handelt es sich um unsichtbare Energiefelder, die durch elektrische Ströme und magnetische Materialien erzeugt werden. Die Exposition gegenüber diesen Feldern kann aus natürlichen Quellen wie dem Erdmagnetfeld oder künstlichen Quellen wie Stromleitungen, Geräten und drahtlosen Geräten erfolgen. Die Auswirkungen elektromagnetischer Felder auf das Nervensystem sind umstritten und nicht ausreichend verstanden. Einige Studien deuten darauf hin, dass die Exposition gegenüber elektromagnetischen Feldern das Risiko für Alzheimer, Amyotrophe Lateralsklerose und Multisystematrophie erhöhen kann. Andere Studien haben jedoch keinen Zusammenhang oder gar schützende Wirkung festgestellt.

Lebensstilrisiken

Lebensstilrisiken sind ein weiterer Faktor, der zur Entstehung neurodegenerativer Erkrankungen beitragen kann. Lebensstilrisiken sind Gewohnheiten oder Verhaltensweisen, die die Gesundheit und das Wohlbefinden des Gehirns und des Nervensystems beeinträchtigen können. Zu den Risiken des Lebensstils gehören:

- **Körperliche Inaktivität:** Körperliche Aktivität wirkt sich positiv auf das Gehirn und das Nervensystem aus, da sie die Durchblutung, die Sauerstoffversorgung, den Glukosestoffwechsel und die Neuroplastizität verbessert. Körperliche Aktivität verringert auch das Risiko von Herz-Kreislauf- und zerebrovaskulären Erkrankungen, die das Gehirn schädigen und zu Neurodegeneration führen können. Studien haben gezeigt, dass körperliche Inaktivität mit einem erhöhten

Risiko für Alzheimer, Parkinson und Amyotrophe Lateralsklerose verbunden ist.

- **Ungesunde Diät:** Die Ernährung ist wichtig für das Gehirn und das Nervensystem, da sie wichtige Nährstoffe, Antioxidantien und entzündungshemmende Verbindungen liefert. Die Ernährung beeinflusst auch die Darmmikrobiota, die über die Darm-Hirn-Achse das Gehirn und das Nervensystem beeinflussen kann. Studien haben gezeigt, dass ungesunde Ernährung, wie z. B. fettreiche, zuckerreiche oder ballaststoffarme Ernährung, mit einem erhöhten Risiko für Alzheimer, Parkinson und Multiple Sklerose verbunden ist.

- **Alkohol- und Tabakkonsum:** Alkohol und Tabak sind schädliche Substanzen, die das Gehirn und das Nervensystem schädigen können, da sie oxidativen Stress, Entzündungen, mitochondriale Dysfunktion und epigenetische Veränderungen verursachen. Alkohol und Tabak beeinträchtigen auch die normale Funktion von Neurotransmittern, Hormonen und Enzymen. Studien haben gezeigt, dass Alkohol- und Tabakkonsum mit einem erhöhten Risiko für Alzheimer, Parkinson und Multisystematrophie verbunden sind.

Das alternde Gehirn

Der Begriff „alterndes Gehirn" bezieht sich auf die Veränderungen, die im Gehirn auftreten, wenn Menschen älter werden. Diese Veränderungen können die Struktur, Funktion und Wahrnehmung des Gehirns beeinflussen. Einige der Veränderungen sind normal und unvermeidlich, während andere abnormal sind und mit Krankheiten verbunden sind.

Einige der normalen Veränderungen, die im alternden Gehirn auftreten, sind:

- **Gehirnschrumpfung:** Mit zunehmendem Alter neigt das Gehirn dazu, an Volumen und Gewicht zu verlieren, insbesondere im Frontallappen, im Temporallappen und im Hippocampus. Diese Regionen sind an exekutiven Funktionen, Gedächtnis und Lernen beteiligt.

- **Veränderungen der weißen Substanz:** Die weiße Substanz ist der Teil des Gehirns, der myelinisierte Axone enthält, die verschiedene Gehirnregionen verbinden und Signale übertragen. Die Myelinscheide, die die Axone isoliert und schützt, kann mit zunehmendem Alter abbauen oder sich verschlechtern, was zu einer langsameren Verarbeitungsgeschwindigkeit und einer verminderten kognitiven Leistung führt.

- **Reduzierte Durchblutung:** Die Blutgefäße, die das Gehirn mit Sauerstoff und Nährstoffen versorgen, können sich mit zunehmendem Alter verengen oder weniger flexibel werden, wodurch die Durchblutung des Gehirns verringert wird. Dies kann die Gehirnfunktion beeinträchtigen und das Schlaganfallrisiko erhöhen.

- **Veränderungen der Neurotransmitter:** Die Neurotransmitter sind die Chemikalien, die die Kommunikation zwischen Neuronen ermöglichen. Der Spiegel und die Aktivität einiger Neurotransmitter wie Dopamin, Serotonin und Acetylcholin können mit zunehmendem Alter abnehmen und sich auf Stimmung, Motivation, Aufmerksamkeit und Gedächtnis auswirken.

Einige der abnormalen Veränderungen, die im alternden Gehirn auftreten können, sind:

- **Neurodegeneration:** Hierbei handelt es sich um den fortschreitenden Verlust von Neuronen und Synapsen, der zu kognitiven Beeinträchtigungen, Demenz und neurodegenerativen Erkrankungen wie Alzheimer, Parkinson und amyotropher Lateralsklerose führen kann. Die Ursachen und Mechanismen der Neurodegeneration sind nicht vollständig geklärt, sie können jedoch genetische, umweltbedingte und Lebensstilfaktoren betreffen.

- **Neuroinflammation:** Dabei handelt es sich um die Aktivierung des Immunsystems im Gehirn, die Infektionen, Verletzungen oder

Krankheiten auslösen kann. Je nach Art, Dauer und Intensität der Reaktion kann eine Neuroinflammation positive oder schädliche Auswirkungen auf das Gehirn haben. Eine chronische oder übermäßige Neuroinflammation kann das Gehirn schädigen und zu Neurodegeneration und kognitivem Verfall beitragen.

- **Proteinaggregation:** Hierbei handelt es sich um die Ansammlung abnormaler oder fehlgefalteter Proteine im Gehirn, die die normale Funktion von Neuronen und Synapsen beeinträchtigen können. Verschiedene neurodegenerative Erkrankungen sind durch unterschiedliche Arten von Proteinaggregaten gekennzeichnet, wie z. B. Amyloid-Beta-Plaques und Tau-Tangles bei der Alzheimer-Krankheit, Alpha-Synuclein-Lewy-Körperchen bei der Parkinson-Krankheit und TDP-43-Einschlüsse bei der Amyotrophen Lateralsklerose.

Das alternde Gehirn ist ein komplexes und dynamisches Organ, das im Laufe des Lebens verschiedene Veränderungen durchmacht. Einige dieser Veränderungen sind unvermeidlich und beeinträchtigen möglicherweise nicht die Lebensqualität. Im Gegensatz dazu sind andere vermeidbar oder behandelbar und können die kognitiven Fähigkeiten und das Wohlbefinden älterer Erwachsener beeinträchtigen.

Kapitel 3

Frühe Anzeichen und Symptome

Gedächtnisverlust und Demenz

Gedächtnisverlust und Demenz sind zwei verwandte, aber unterschiedliche Konzepte, die ältere Erwachsene betreffen können. Unter Gedächtnisverlust versteht man die Unfähigkeit, sich an Informationen, Ereignisse oder Erfahrungen zu erinnern, die zuvor im Gehirn gespeichert waren.

Demenz ist ein allgemeiner Begriff für einen Rückgang der kognitiven Fähigkeiten wie Gedächtnis, Denken, logisches Denken und Sprache, der das tägliche Funktionieren beeinträchtigt.

Gedächtnisverlust ist eines der häufigsten Symptome einer Demenz, aber nicht jeder Gedächtnisverlust wird durch Demenz verursacht. Es gibt verschiedene Arten und Ursachen von Gedächtnisverlust und Demenz. Einige der häufigsten sind:

- **Altersbedingter Gedächtnisverlust:** Dies ist ein normaler Teil des Alterns, der bis zu einem gewissen Grad jeden betrifft. Dabei handelt es sich um geringfügige und gelegentliche Vergesslichkeiten, wie etwa das Verlegen von Schlüsseln oder das Vergessen von Namen oder Terminen. Die Fähigkeit, neue Dinge zu lernen, zu kommunizieren oder alltägliche Aufgaben zu erledigen, wird dadurch nicht beeinträchtigt.

- **Leichte kognitive Beeinträchtigung (MCI):** Hierbei handelt es sich um eine Erkrankung, die deutlichere und häufigere Gedächtnisprobleme mit sich bringt als normales Altern, aber nicht schwerwiegend genug ist, um als Demenz diagnostiziert zu werden. Etwa 15–25 % der Menschen über 65 Jahre sind davon betroffen. Menschen mit MCI haben möglicherweise Schwierigkeiten, sich an aktuelle Ereignisse zu erinnern, Gesprächen zu folgen oder Worte zu finden. Möglicherweise haben sie auch Schwierigkeiten mit anderen kognitiven Funktionen wie Planung, Organisation oder Entscheidungsfindung. MCI beeinträchtigt die tägliche Funktionsfähigkeit nicht wesentlich, erhöht jedoch das Risiko, in Zukunft an Demenz zu erkranken.

- **Alzheimer-Erkrankung:** Dies ist die häufigste Ursache für Demenz und macht 60–80 % aller Fälle aus. Es handelt sich um eine fortschreitende und irreversible Gehirnerkrankung, die Neuronen und Synapsen zerstört und zu kognitivem Verfall und Verhaltensänderungen führt. Es betrifft etwa 6 Millionen Menschen in den Vereinigten Staaten und 50 Millionen Menschen weltweit. Menschen mit Alzheimer-Krankheit haben Probleme mit dem Gedächtnis, der Sprache, dem Urteilsvermögen, der Orientierung und dem logischen Denken. Sie können auch Stimmungsschwankungen, Unruhe, Verwirrung, Halluzinationen und Wahnvorstellungen verspüren. Die Alzheimer-Krankheit verschlimmert sich mit der Zeit und beeinträchtigt schließlich alle Aspekte des täglichen Lebens.

- **Vaskuläre Demenz:** Dies ist die zweithäufigste Ursache für Demenz und macht 10–20 % aller Fälle aus. Sie wird durch eine verminderte Durchblutung des Gehirns aufgrund von Schlaganfällen, Mini-Schlaganfällen oder anderen Gefäßproblemen verursacht. Es betrifft etwa 3 Millionen Menschen in den Vereinigten Staaten und 10 Millionen Menschen weltweit. Menschen mit vaskulärer Demenz haben Probleme mit Gedächtnis, Aufmerksamkeit, exekutiven Funktionen und visuell-räumlichen Fähigkeiten. Sie können auch körperliche Symptome wie Schwäche,

Taubheitsgefühl oder Schwierigkeiten beim Gehen haben. Je nach Art und Ausmaß der Hirnschädigung kann eine vaskuläre Demenz plötzlich oder schleichend auftreten.

Andere Erkrankungen können das Gedächtnis und die Wahrnehmung beeinträchtigen, wie z. B. die Parkinson-Krankheit, die Lewy-Körper-Demenz, die frontotemporale Demenz, traumatische Hirnverletzungen, Infektionen, Tumore, Medikamente und Depressionen.

Motorische Beeinträchtigung

Unter motorischer Beeinträchtigung versteht man den teilweisen oder vollständigen Funktionsverlust eines Körperteils, in der Regel einer oder mehrerer Gliedmaßen. Dies kann zu Muskelschwäche, mangelnder Ausdauer, mangelnder Muskelkontrolle oder völliger Lähmung führen. Motorische Beeinträchtigungen können durch verschiedene Faktoren wie Trauma, Krankheit oder angeborene Erkrankungen verursacht werden, die das Gehirn, das Rückenmark oder die peripheren Nerven betreffen. Einige Beispiele für motorische Beeinträchtigungen sind:

- **Zerebralparese:** Hierbei handelt es sich um eine Gruppe von Störungen, die die Bewegung und Körperhaltung einer Person aufgrund einer Schädigung oder abnormalen Entwicklung des Gehirns vor, während oder nach der Geburt beeinträchtigen. Menschen mit Zerebralparese können Schwierigkeiten mit dem Gleichgewicht, der Koordination, der Sprache und dem Lernen haben. Der Schweregrad und die Art der Zerebralparese können von Person zu Person sehr unterschiedlich sein.

- **Parkinson-Krankheit:** Hierbei handelt es sich um eine fortschreitende und degenerative Erkrankung, die die Nervenzellen im Gehirn betrifft, die Dopamin produzieren, eine Chemikalie, die Bewegung und Emotionen reguliert. Menschen mit Parkinson-Krankheit können unter Zittern, Steifheit, langsamen Bewegungen sowie Schwierigkeiten beim Gehen und

Gleichgewicht leiden. Sie können auch kognitive und emotionale Probleme wie Depressionen, Angstzustände und Demenz haben.

- **Schlaganfall:** Hierbei handelt es sich um eine plötzliche Unterbrechung des Blutflusses zum Gehirn aufgrund eines Blutgerinnsels oder eines geplatzten Gefäßes, wodurch den Gehirnzellen Sauerstoff und Nährstoffe entzogen werden. Dies kann zur Schädigung oder zum Tod der betroffenen Gehirnzellen führen und zu Funktions- und Kommunikationsstörungen führen. Menschen, die einen Schlaganfall erleiden, können eine Schwäche oder Lähmung einer Körperseite, Schwierigkeiten beim Sprechen, Sehen und Gedächtnis sowie Stimmungs- und Verhaltensänderungen haben.

Kognitiver Verfall

Unter kognitivem Verfall versteht man die Verschlechterung geistiger Fähigkeiten wie

Gedächtnis, Aufmerksamkeit, logisches Denken und Sprache. Es kann ein normaler Teil des Alterns oder ein Zeichen einer schwerwiegenderen Erkrankung wie Demenz oder Alzheimer sein.

Ein kognitiver Rückgang kann die Lebensqualität und das Wohlbefinden der betroffenen Person und ihrer Betreuer beeinträchtigen. Einige der Anzeichen und Symptome eines kognitiven Verfalls sind:

- Schwierigkeiten, sich an aktuelle Ereignisse, Namen oder Termine zu erinnern
- Probleme beim Befolgen von Anweisungen, Anweisungen oder Gesprächen
- Den Überblick über Zeit, Datum oder Ort verlieren
- Schlechte Entscheidungen oder Urteile treffen
- Schwierigkeiten haben, Worte zu finden oder Gedanken auszudrücken
- Erleben Sie Stimmungsschwankungen, Angstzustände oder Depressionen
- Verlust des Interesses oder der Motivation für einst angenehme Aktivitäten

Verhaltens- und psychologische Symptome

Verhaltens- und psychische Symptome treten bei Menschen mit neurodegenerativen Erkrankungen häufig auf, insbesondere im fortgeschrittenen Stadium. Diese Symptome können die Stimmung, Persönlichkeit, das Verhalten und die Wahrnehmung der betroffenen Person beeinträchtigen und für die Person und ihre Betreuer Stress und Herausforderungen verursachen.

Einige der Verhaltens- und psychologischen Symptome, die bei neurodegenerativen Erkrankungen auftreten können, sind:

- **Depression:** Dabei handelt es sich um ein anhaltendes Gefühl der Traurigkeit, Hoffnungslosigkeit oder Leere, das das tägliche Funktionieren und die Lebensfreude beeinträchtigt. Depressionen können bis zu 50 % der Menschen mit Alzheimer-Krankheit,

Parkinson-Krankheit und amyotropher Lateralsklerose betreffen.

- **Angst:** Dabei handelt es sich um ein Gefühl der Nervosität, Sorge oder Angst, das übertrieben oder in keinem Verhältnis zur Situation steht. Bis zu 40 % der Menschen mit Alzheimer, Parkinson und Multipler Sklerose können von Angstzuständen betroffen sein.

- **Apathie:** Dies ist ein Mangel an Interesse, Motivation oder Emotionen für Aktivitäten oder Menschen, die einst Spaß gemacht oder bedeutungsvoll waren. Bis zu 70 % der Menschen mit Alzheimer, Parkinson und frontotemporaler Demenz können von Apathie betroffen sein.

- **Agitation:** Dabei handelt es sich um einen Zustand der Unruhe, Reizbarkeit oder Aggression, der durch innere oder äußere Faktoren wie Schmerzen, Langeweile, Frustration oder Umweltveränderungen ausgelöst werden kann. Bis zu 80 % der Menschen mit Alzheimer, Parkinson und

Huntington können von Unruhe betroffen sein.

- **Psychose:** Hierbei handelt es sich um einen Verlust des Kontakts mit der Realität, der zu Halluzinationen (Sehen, Hören oder Fühlen von Dingen, die nicht da sind) oder Wahnvorstellungen (falschen Überzeugungen, die nicht auf Beweisen basieren) führen kann. Psychosen können bis zu 50 % der Menschen mit Alzheimer-Krankheit, Parkinson-Krankheit und Lewy-Körperchen-Demenz betreffen.

Kapitel 4

Krankheitsverlauf und Auswirkungen auf die Gehirnfunktion

Stadien neurodegenerativer Erkrankungen

Neurodegenerative Erkrankungen sind eine Gruppe von Erkrankungen, die das Gehirn und das Nervensystem beeinträchtigen und zu einem fortschreitenden Verlust von Neuronen und Synapsen führen. Diese Krankheiten haben unterschiedliche Ursachen, Symptome und Behandlungen, weisen aber auch einige gemeinsame Merkmale und Herausforderungen auf.

Eines dieser Merkmale ist, dass sie im Laufe der Zeit tendenziell stufenweise fortschreiten, von leicht bis schwer. Die Stadien neurodegenerativer Erkrankungen können je nach Art und Schwere der Erkrankung variieren. Dennoch folgen sie im Allgemeinen einem ähnlichen Muster:

- **Präklinisches Stadium:** Dies ist das früheste Stadium der Krankheit, in dem keine erkennbaren Symptome auftreten, es jedoch bereits einige Veränderungen im Gehirn gibt, die durch Biomarker oder bildgebende Tests erkannt werden können. Dieses Stadium kann Jahre oder sogar Jahrzehnte dauern, bevor klinische Symptome auftreten.

- **Mildes Stadium:** Dies ist das Stadium, in dem die ersten Anzeichen und Symptome der Krankheit auftreten, wie Gedächtnisverlust, kognitive Beeinträchtigung, Bewegungsprobleme oder Verhaltensänderungen. Diese Symptome sind normalerweise mild und beeinträchtigen die tägliche Funktionsfähigkeit nicht wesentlich.

Dennoch können sie die Lebensqualität und das Wohlbefinden der betroffenen Person und ihrer Betreuer beeinträchtigen. Dieses Stadium kann je nach Erkrankung und Behandlung Monate oder Jahre dauern.

- **Mittleres Stadium:** In diesem Stadium werden die Krankheitssymptome deutlicher und schwerwiegender und wirken sich auf mehrere Bereiche der Kognition, des Verhaltens und der Funktion aus. Die betroffene Person kann Schwierigkeiten mit der Sprache, dem logischen Denken, dem Urteilsvermögen, der Orientierung und den visuell-räumlichen Fähigkeiten haben. Es können auch Stimmungsschwankungen, Unruhe, Psychosen oder Schlafprobleme auftreten. Sie benötigen möglicherweise Hilfe bei einigen Aktivitäten des täglichen Lebens, wie zum Beispiel beim Anziehen, Baden oder Essen. Dieses Stadium kann je nach Erkrankung und Behandlung Monate oder Jahre dauern.

- **Schweres Stadium:** Dies ist das Endstadium der Krankheit, in dem die Krankheitssymptome sehr schwerwiegend und schwächend sind und alle Aspekte des täglichen Lebens beeinträchtigen. Die betroffene Person kann die Fähigkeit verlieren, zu kommunizieren, Personen oder Gegenstände zu erkennen oder ihre Körperfunktionen zu kontrollieren. Sie können auch an Infektionen, Unterernährung oder anderen Komplikationen leiden. Sie benötigen möglicherweise ständige Pflege und Aufsicht, entweder zu Hause oder in einer Einrichtung. Dieses Stadium kann Monate oder Jahre bis zum Tod dauern.

Die Stadien neurodegenerativer Erkrankungen sind nicht starr oder starr, sondern fließend und dynamisch. Sie können sich überschneiden, schwanken oder zwischen Individuen und Populationen variieren. Daher ist es wichtig, den Krankheitsverlauf zu überwachen und die Pflege und Unterstützung entsprechend anzupassen.

Gehirnveränderungen und Degeneration

Gehirnveränderungen und Degeneration sind Begriffe, die Veränderungen in der Struktur und Funktion des Gehirns beschreiben, die aufgrund verschiedener Faktoren wie Alterung, Krankheit, Verletzung oder Umwelteinfluss auftreten. Diese Veränderungen können sich auf die Größe, Form, Konnektivität und Aktivität der Gehirnzellen und -regionen auswirken und zu kognitiven, Verhaltens- und körperlichen Beeinträchtigungen führen.

Einige der häufigsten Ursachen für Gehirnveränderungen und -degeneration sind:

- **Altern:** Mit zunehmendem Alter erfährt das Gehirn normale Veränderungen, wie z. B. eine Schrumpfung des Gehirns, Veränderungen der weißen Substanz, eine verringerte Durchblutung und Veränderungen der Neurotransmitter. Diese Veränderungen können sich auf Gedächtnis, Aufmerksamkeit, Verarbeitungsgeschwindigkeit und exekutive Funktionen auswirken. Dennoch beeinträchtigen sie nicht unbedingt die Alltagsfunktionen oder die Lebensqualität. Bei manchen Menschen können jedoch schwerwiegendere und abnormalere Veränderungen auftreten, als für ihr Alter erwartet, was zu einem kognitiven Verfall oder Demenz führen kann.

- **Neurodegenerative Krankheiten:** Hierbei handelt es sich um eine Gruppe von Erkrankungen, die einen fortschreitenden und irreversiblen Verlust von Neuronen und Synapsen verursachen, was zu einem kognitiven Verfall und Demenz führt. Zu den häufigsten neurodegenerativen Erkrankungen zählen die Alzheimer-Krankheit, die Parkinson-Krankheit, die Huntington-Krankheit und die Amyotrophe Lateralsklerose. Diese Krankheiten haben unterschiedliche Ursachen, Symptome und Behandlungen. Dennoch weisen sie einige gemeinsame Mechanismen auf, wie z. B. Neuroinflammation, Proteinaggregation und oxidativen Stress.

- **Schädel-Hirn-Trauma:** Hierbei handelt es sich um eine plötzliche Schädigung des Gehirns, die durch eine äußere Krafteinwirkung verursacht wird, beispielsweise durch einen Sturz, einen Autounfall oder eine Schusswunde. Eine traumatische Hirnverletzung kann zu Blutungen, Schwellungen oder Blutergüssen im Gehirn führen und so zu Funktions- und Kommunikationsstörungen führen. Je nach Ort und Schwere der Verletzung kann ein Schädel-Hirn-Trauma zu Gedächtnisverlust, kognitiven Beeinträchtigungen, Stimmungsschwankungen oder motorischen Problemen führen.

- **Umweltfaktoren:** Die Einwirkung von Toxinen, Schadstoffen oder Infektionen kann Auswirkungen auf das Gehirn und das Nervensystem haben und zu oxidativem Stress, Entzündungen, mitochondrialer Dysfunktion und epigenetischen Veränderungen führen. Diese Faktoren können mit genetischen Faktoren und

Lebensstilfaktoren interagieren und das Risiko und die Schwere von Gehirnveränderungen und Degeneration beeinflussen. Zu den Umweltfaktoren, die mit Gehirnveränderungen und -degeneration in Verbindung gebracht werden, gehören Pestizide, Metalle, Lösungsmittel und elektromagnetische Felder.

Kapitel 5

Diagnose und Prognose

Neuropsychologische Tests

Neuropsychologische Tests sind ein entscheidender Bestandteil der Diagnose und Beurteilung neurodegenerativer Erkrankungen. Diese standardisierten Tests bewerten kognitive Bereiche, die häufig von Neurodegeneration betroffen sind, wie Gedächtnis, exekutive Funktionen, Sprache und visuell-räumliche Fähigkeiten.

Mithilfe von Tests können das kognitive Profil und die Defizite eines Patienten ermittelt und geklärt werden, welche Gehirnnetzwerke betroffen sind. Beispielsweise deutet eine schlechte Leistung bei

Gedächtnisaufgaben auf eine Schädigung des Hippocampus hin, während eine Funktionsstörung der Exekutive auf eine Pathologie des Frontallappens hindeutet.

Tests erkennen auch subtile kognitive Veränderungen früh im Krankheitsverlauf, oft bevor Symptome sichtbar werden. Die frühzeitige Erkennung neuropsychologischer Defizite bietet Möglichkeiten für rechtzeitige Interventionen zur Funktionserhaltung. Bei fortschreitenden Erkrankungen wie der Alzheimer-Krankheit verfolgen wiederholte Tests im Laufe der Zeit das Fortschreiten der Krankheit.

Es gibt zwei Hauptkategorien neuropsychologischer Tests. Allgemeine Screening-Bewertungen umfassen häufig verwendete Batterien wie das Mini-Mental State Exam (MMSE), das mehrere Bereiche testet. Schlechte Ergebnisse erfordern detailliertere Tests.

Domänenspezifische Batterien untersuchen bestimmte kognitive Funktionen eingehend. Gedächtnistests wie das Wortlistenlernen bewerten beispielsweise das durch den Hippocampus vermittelte deklarative Gedächtnis. Exekutivfunktionstests erfordern Fähigkeiten wie Organisation, Multitasking und Impulskontrolle.

Ideale Diagnosebatterien decken mehrere kognitive Bereiche ab. Das Testen sowohl der allgemeinen Kognition als auch spezifischer Bereiche liefert den klarsten Überblick über die Stärken, Schwächen und die frontale im Vergleich zur posterioren Gehirnfunktion eines Patienten.

Erfahrene Neuropsychologen interpretieren die Ergebnisse ganzheitlich und patientenzentriert. Sie berücksichtigen Faktoren wie Alter, Bildung und kulturellen Hintergrund, die die „normale" kognitive Leistung beeinflussen. Die Ergebnisse werden mit der klinischen Anamnese, bildgebenden Verfahren und Laborbefunden verknüpft, um Einblicke in Krankheitsprozesse zu gewinnen, die das Gehirn betreffen.

Wie alle Tests haben auch neuropsychologische Untersuchungen ihre Grenzen. Die Leistung kann durch körperliche Behinderungen, Angstzustände, Medikamente und schlechte Anstrengung beeinträchtigt werden, die nichts mit Neuropathologie zu tun haben. Außerdem halten die verfügbaren Tests möglicherweise nicht mit der sich schnell entwickelnden Forschung zu Gehirnfunktionsnetzwerken Schritt.

Insgesamt bleiben neuropsychologische Tests der Goldstandard für die objektive und präzise Erfassung der tatsächlichen kognitiven Auswirkungen der Neurodegeneration. Die Quantifizierung des kognitiven Status unterstützt die Diagnose, misst den Fortschritt und bestimmt die besten Strategien zur Maximierung der Funktionsfähigkeit und Unabhängigkeit des Patienten.

Gehirnscan

Neuroimaging-Techniken wie MRT- und PET-Scans zeigen visuell die schädlichen Auswirkungen der Neurodegeneration auf die Struktur und Funktion des Gehirns. Mit der Bildgebung können

Veränderungen frühzeitig erkannt werden, noch bevor Symptome auftreten. Verschiedene Modalitäten liefern ergänzende Informationen zur Lokalisierung von Krankheitsherden und zur Überwachung des Fortschreitens.

Strukturelle MRT-Scans zeigen eine grobe Hirnatrophie, die einen neuronalen Verlust widerspiegelt. Diese Technik eignet sich hervorragend zur Erfassung weit verbreiteter kortikaler Degeneration bei der Alzheimer-Krankheit. MRTs erkennen eine Schrumpfung des Hippocampus und des Temporallappens, die mit frühem Alzheimer-bedingtem Gedächtnisverlust einhergeht.

Die funktionelle MRT (fMRT) kartiert die neuronale Aktivität durch Messung des Blutflusses. Es zeigt, wie sich die Aktivierungsmuster des Gehirns mit der Neurodegeneration verändern. fMRTs helfen auch bei der präoperativen Planung, um eine Schädigung des eloquenten Kortex zu vermeiden.

Bei der PET-Bildgebung werden radioaktive Tracer verwendet, um Stoffwechsel, Blutfluss und Proteinablagerung zu quantifizieren. Es visualisiert einen frühen Hypometabolismus, der auf die Alzheimer- und Parkinson-Krankheit hinweist. PET deckt auch Alzheimer-bedingte Amyloid-Plaques und Tau-Tangles auf, Jahre bevor die Symptome auftreten.

Molekulare PET-Tracer wie Pittsburgh Compound B (PiB) binden selektiv Beta-Amyloid. Eine hohe PiB-Retention sagt eine spätere Demenzentwicklung voraus. Kürzlich wurden auch Tau-PET-Tracer entwickelt, um die Tau-Belastung bei Alzheimer abzubilden.

Die PET-Bildgebung von Dopamintransportern spiegelt den Nervenendverlust von Dopamin bei der Parkinson-Krankheit wider. Dies hilft bei der Differenzierung von Parkinson-Syndromen.

Hybride PET/MRT-Scanner verbinden die molekulare PET-Bildgebung mit den strukturellen Details der MRT. Im Vergleich zu PET/CT verbessert

PET/MRT die Scangenauigkeit und reduziert die Strahlenbelastung.

Dennoch liefert keine einzelne Bildgebungsmodalität ein vollständiges Bild. Die multimodale Bildgebung, die Techniken wie MRT, PET und CT kombiniert, erfasst am besten alle Facetten der Neurodegeneration. Durch das Zusammenfügen von Bildern wird auch die diagnostische und prognostische Genauigkeit verbessert.

Insgesamt erklärt die Neurobildgebung das Fortschreiten neurodegenerativer Erkrankungen bei lebenden Patienten. Bilder liefern objektive visuelle Beweise zur Bestätigung klinischer Eindrücke. Längsschnittbildgebung im Laufe der Jahre könnte eines Tages bei der personalisierten Prognose und Behandlungsüberwachung hilfreich sein, wenn Interventionen zur Verlangsamung dieser Erkrankungen verfügbar werden.

Lumbalpunktionen

Eine Lumbalpunktion, auch Lumbalpunktion genannt, ist ein Verfahren, bei dem Gehirn-Rückenmarks-Flüssigkeit (CSF) zur Analyse entnommen wird. Bei der Diagnose neurodegenerativer Erkrankungen liefern Lumbalpunktionen Einblicke in die Biochemie des Gehirns und Proteinmarker, die auf bestimmte Erkrankungen hinweisen.

Bei einer Lumbalpunktion wird eine Hohlnadel zwischen den Wirbeln der unteren Wirbelsäule eingeführt, um Zugang zum mit Liquor gefüllten Subarachnoidalraum zu erhalten. Für Labortests werden etwa 10–20 ml Liquor gesammelt. Diese Flüssigkeit umspült das Gehirn und das Rückenmark und ist somit ein hervorragender Stellvertreter für die Biochemie des Zentralnervensystems.

Mehrere Biomarker der Alzheimer-Krankheit werden zuverlässig im Liquor gemessen. Niedrige Amyloid-Beta-Werte spiegeln die Ansammlung in

Plaques wider. Erhöhtes Tau und phosphoryliertes Tau weisen auf eine Tangle-Pathologie hin. Das Amyloid/Tau-Verhältnis sagt den Beginn und das Fortschreiten der Alzheimer-Krankheit voraus.

Bei der Parkinson-Krankheit gehen verringerte Dopamin-Metabolitenspiegel im Liquor mit dem Verlust nigrostriataler Neuronen einher. Auch Alpha-Synuclein, das Protein, das bei Parkinson fehlfaltet, ist nachweisbar.

Die Liquoranalyse unterstützt die Differentialdiagnose. Beispielsweise unterscheidet normales Tau Alzheimer von frontotemporaler Demenz, und spezifische Entzündungsprofile im Liquor unterscheiden neurodegenerative Erkrankungen von Autoimmunerkrankungen wie Multipler Sklerose.

Lumbalpunktionen sind relativ sichere ambulante Eingriffe. Zu den möglichen Nebenwirkungen gehören jedoch Kopfschmerzen, Infektionen und Blutungen. Faktoren wie tageszeitliche

Schwankungen der Biomarkerwerte schränken die Liquoruntersuchung ebenfalls ein.

Mit Blick auf die Zukunft könnten verbesserte CSF-Biomarker eine frühere Diagnose und Verfolgung neurodegenerativer Erkrankungen ermöglichen. Die Optimierung der Lumbalpunktionsprotokolle und der Dateninterpretation kann den Nutzen der Liquoranalyse erweitern.

Letztendlich liefern Lumbalpunktionen eine Probe des inneren Milieus des Gehirns bei lebenden Patienten. Liquortests liefern Erkenntnisse, die durch bildgebende Verfahren oder kognitive Tests allein nicht möglich wären. In Kombination mit klinischer Bewertung und neuropsychologischem Profiling wird es zu einem leistungsstarken Diagnoseinstrument zur Aufklärung komplexer neurodegenerativer Erkrankungen.

Kapitel 6

Behandlungsansätze und ihre Grenzen

Medikamente und Therapien

Neurodegenerative Erkrankungen sind derzeit unheilbar und haben nur begrenzte Behandlungsmöglichkeiten. Die meisten verfügbaren Medikamente und Therapien zielen darauf ab, die Symptome zu lindern, das Fortschreiten zu verlangsamen oder die Lebensqualität der betroffenen Person und ihrer Betreuer zu verbessern. Allerdings weisen diese Behandlungen verschiedene Einschränkungen auf, wie z. B. Nebenwirkungen, geringe Wirksamkeit, hohe Kosten oder Probleme bei der Zugänglichkeit.

Einige der Medikamente und Therapien, die bei neurodegenerativen Erkrankungen eingesetzt werden, sind:

- **Cholinesterasehemmer:** Diese Medikamente hemmen das Enzym, das Acetylcholin abbaut, einen Neurotransmitter, der an Gedächtnis und Lernen beteiligt ist. Sie werden zur Behandlung der leichten bis mittelschweren Alzheimer-Krankheit und einiger Demenzformen eingesetzt. Sie können dazu beitragen, die kognitiven Funktionen zu verbessern und den Rückgang des Gedächtnisses und des Denkens zu verzögern. Allerdings haben sie Nebenwirkungen wie Übelkeit, Erbrechen, Durchfall und Gewichtsverlust. Sie stoppen auch nicht den zugrunde liegenden Krankheitsprozess und verhindern auch nicht den eventuellen Verlust von Neuronen und Synapsen.

- **Dopaminagonisten:** Hierbei handelt es sich um Medikamente, die die Wirkung von Dopamin nachahmen, einem Neurotransmitter, der an Bewegung und Emotionen beteiligt ist. Sie werden zur Behandlung der Parkinson-Krankheit und einiger Demenzformen eingesetzt. Sie können dazu beitragen, die Symptome von Zittern, Steifheit und langsamer Bewegung zu lindern. Sie haben jedoch Nebenwirkungen wie Übelkeit, Schläfrigkeit, Halluzinationen und zwanghaftes Verhalten. Sie stoppen auch nicht den zugrunde liegenden Krankheitsprozess und verhindern auch nicht den eventuellen Verlust von Neuronen und Synapsen.

- **Riluzol:** Hierbei handelt es sich um ein Medikament, das die Aktivität von Glutamat moduliert, einem Neurotransmitter, der an der erregenden Signalübertragung beteiligt ist. Es wird zur Behandlung der Amyotrophen Lateralsklerose eingesetzt, einer tödlichen neurodegenerativen Erkrankung, die

Motoneuronen betrifft. Es kann dazu beitragen, das Überleben um einige Monate zu verlängern und die Notwendigkeit einer mechanischen Beatmung hinauszuzögern. Es hat jedoch Nebenwirkungen wie Übelkeit, Schwindel, Lebertoxizität und Blutstörungen. Es stoppt auch nicht den zugrunde liegenden Krankheitsprozess und verhindert auch nicht den eventuellen Verlust von Neuronen und Synapsen.

- **Stammzellen Therapie:** Hierbei handelt es sich um eine Therapie, bei der Stammzellen, also Zellen, die sich in verschiedene Zelltypen differenzieren können, in das Gehirn oder das Rückenmark transplantiert werden. Es wird zur Behandlung verschiedener neurodegenerativer Erkrankungen wie der Alzheimer-Krankheit, der Parkinson-Krankheit, der Huntington-Krankheit und Rückenmarksverletzungen eingesetzt. Es kann helfen, verlorene oder beschädigte Neuronen und Synapsen zu ersetzen, die

Funktion und Kommunikation des Nervensystems wiederherzustellen und die Regeneration und Reparatur des Gehirngewebes zu verbessern. Es gibt jedoch Einschränkungen, wie z. B. ethische Probleme, Sicherheitsbedenken, technische Herausforderungen und regulatorische Hindernisse. Es bedarf außerdem weiterer Forschung und Entwicklung, um seine Wirksamkeit und Durchführbarkeit nachzuweisen.

Nebenwirkungen und Risiken

Nebenwirkungen und Risiken sind mögliche negative Folgen des Einsatzes von Medikamenten und Therapien bei neurodegenerativen Erkrankungen. Diese können je nach Art, Dosis, Dauer und Kombination der Behandlung sowie den individuellen Merkmalen und Zuständen des Patienten variieren. Einige der häufigsten Nebenwirkungen und Risiken sind:

- **Übelkeit, Erbrechen, Durchfall und Gewichtsverlust:**Hierbei handelt es sich um gastrointestinale Symptome, die bei der Einnahme von Cholinesterasehemmern, Dopaminagonisten und Riluzol auftreten können. Sie können den Appetit, die Flüssigkeitszufuhr und die Ernährung des Patienten beeinträchtigen.

- **Schläfrigkeit, Schwindel und Stürze:** Dies sind neurologische Symptome, die bei Cholinesterasehemmern, Dopaminagonisten und Riluzol auftreten können. Sie können die Aufmerksamkeit, das Gleichgewicht und die Koordination des Patienten beeinträchtigen.

- **Halluzinationen, Wahnvorstellungen und zwanghaftes Verhalten:** Hierbei handelt es sich um psychiatrische Symptome, die bei Dopaminagonisten auftreten können. Sie können die Wahrnehmung, Kognition und Emotionen des Patienten beeinflussen.

- **Lebertoxizität und Bluterkrankungen:** Hierbei handelt es sich um systemische Symptome, die bei Riluzol auftreten können.

Sie können die Funktion und Gesundheit der Leber und der Blutzellen beeinträchtigen.

- **Ethische Fragen:** Dies sind moralische und soziale Bedenken, die bei der Stammzelltherapie auftreten können. Sie können die Herkunft, Manipulation und Verwendung von Stammzellen sowie die Rechte, Einwilligung und Sicherheit der Spender und Empfänger betreffen.

- **Sicherheits-Bedenken:** Dies sind medizinische und technische Herausforderungen, die bei der Stammzelltherapie auftreten können. Sie können die Qualität, Reinheit und Kompatibilität der Stammzellen sowie das Risiko einer Infektion, Abstoßung oder Tumorbildung betreffen.

Herausforderungen in der Behandlung

Die Behandlung neurodegenerativer Erkrankungen ist eine anspruchsvolle und komplexe Aufgabe, da viele Faktoren die Entwicklung, das Fortschreiten und den Ausgang dieser Erkrankungen beeinflussen. Einige der Herausforderungen bei der Behandlung sind:

- **Mangelndes Verständnis der Ursachen und Mechanismen der Neurodegeneration:** Trotz der Fortschritte in der neurowissenschaftlichen Forschung müssen die genauen Ursachen und Mechanismen der Neurodegeneration noch vollständig verstanden werden. Dies schränkt die Fähigkeit ein, die wichtigsten molekularen und zellulären Ereignisse zu identifizieren und gezielt anzusprechen, die den Krankheitsprozess auslösen oder vorantreiben.

- **Mangel an zuverlässigen Biomarkern und Diagnosetools:** Biomarker sind messbare Indikatoren für das Vorliegen, die Schwere oder das Fortschreiten einer Krankheit. Diagnosetools sind Methoden oder Geräte, die Biomarker erkennen oder messen können. Biomarker und Diagnosetools sind für die frühe und genaue Diagnose, Prognose und Überwachung neurodegenerativer Erkrankungen unerlässlich. Allerdings sind nur wenige Biomarker und Diagnoseinstrumente validiert, spezifisch und empfindlich gegenüber neurodegenerativen Erkrankungen.

- **Mangel an wirksamen und sicheren Behandlungen:** Die meisten aktuellen Behandlungen für neurodegenerative Erkrankungen sind symptomatisch, das heißt, sie lindern lediglich die Symptome, stoppen oder umkehren den zugrunde liegenden Krankheitsprozess jedoch nicht. Darüber hinaus weisen diese Behandlungen verschiedene Einschränkungen auf, wie z. B. Nebenwirkungen, geringe Wirksamkeit, hohe Kosten oder Probleme bei der Zugänglichkeit. Nur wenige Behandlungen wirken krankheitsmodifizierend, das heißt, sie können die Neurodegeneration verlangsamen, stoppen oder umkehren.

- **Mangelnde Einbeziehung und Unterstützung von Patienten und Pflegepersonal:** Patienten und Betreuer sind die wichtigsten Interessenvertreter bei der Behandlung neurodegenerativer Erkrankungen, da sie direkt von der Krankheit und ihren Auswirkungen auf ihre Lebensqualität und ihr Wohlbefinden betroffen sind. Allerdings stehen sie häufig vor Herausforderungen wie Stigmatisierung, Isolation, Diskriminierung oder einem Mangel an Informationen, Bildung oder Ressourcen. Sie haben auch vielfältige und unbefriedigte Bedürfnisse, Vorlieben und Erwartungen, denen das derzeitige Gesundheitssystem möglicherweise nicht angemessen Rechnung trägt.

Neue Behandlungen

Neue Behandlungen sind neue und innovative Ansätze, die darauf abzielen, neurodegenerative Erkrankungen zu behandeln oder zu heilen, indem sie auf die zugrunde liegenden Ursachen und Mechanismen der Neurodegeneration abzielen. Einige der neuen Behandlungen, die für neurodegenerative Erkrankungen entwickelt und getestet werden, sind:

- **Immuntherapie:** Hierbei handelt es sich um eine Behandlung, bei der das Immunsystem oder seine Komponenten zur Bekämpfung der Krankheit eingesetzt werden. Immuntherapie kann verschiedene Formen annehmen, beispielsweise Impfstoffe, Antikörper oder zellbasierte Therapien. Eine Immuntherapie kann dazu beitragen, die toxischen Proteine, die sich im Gehirn ansammeln, wie Amyloid Beta oder Alpha-Synuclein, zu beseitigen oder die Entzündungsreaktion zu modulieren, die zur Neurodegeneration beiträgt.

- **Gentherapie:** Hierbei handelt es sich um eine Behandlung, bei der genetisches Material in Zellen oder Gewebe eingebracht wird, um die Expression eines an der Krankheit beteiligten Gens zu korrigieren oder zu verändern. Bei der Gentherapie können verschiedene Vektoren wie Viren, Nanopartikel oder Liposomen zur Übertragung des genetischen Materials eingesetzt werden. Eine Gentherapie kann dazu beitragen, die Funktion eines defekten oder fehlenden Gens wiederherzustellen oder ein schädliches Gen, das das Überleben oder die Funktion von Neuronen oder Synapsen beeinträchtigt, zum Schweigen zu bringen oder zu verändern.

- **Neuroprotektion:** Hierbei handelt es sich um eine Behandlung, bei der Medikamente oder Moleküle eingesetzt werden, die die Neuronen und Synapsen vor Schäden oder Tod schützen können. Neuroprotektion kann auf verschiedene Signalwege wie oxidativen Stress, mitochondriale Dysfunktion oder Apoptose abzielen, die an der Neurodegeneration beteiligt sind. Neuroprotektion kann dazu beitragen, den Verlust von Neuronen oder Synapsen zu verhindern oder zu verzögern und die Funktion und Struktur des Gehirns und des Nervensystems zu erhalten.

Dabei handelt es sich um neue Behandlungsmethoden, die für neurodegenerative Erkrankungen entwickelt und getestet werden. Viele weitere Behandlungen basieren auf unterschiedlichen Ansätzen wie Neurorestaurierung, Neurorehabilitation oder Nanotechnologie, die auf die Behandlung oder Heilung neurodegenerativer Erkrankungen abzielen.

Diese Behandlungen sind vielversprechend und aufregend, stehen aber auch vor verschiedenen Herausforderungen, wie etwa ethischen Fragen, Sicherheitsbedenken, technischen Schwierigkeiten und regulatorischen Hindernissen. Sie erfordern außerdem weitere Forschung und Entwicklung, um ihre Wirksamkeit und Durchführbarkeit nachzuweisen.

Die Bedeutung frühzeitiger Intervention

Frühintervention ist der Prozess der rechtzeitigen und angemessenen Bereitstellung von Dienstleistungen und Unterstützung für Menschen, bei denen das Risiko einer neurodegenerativen Erkrankung besteht oder deren Anzeichen und Symptome auftreten. Eine frühzeitige Intervention kann viele Vorteile für die betroffene Person und ihre Betreuer haben, wie zum Beispiel:

- Verbesserung der Genauigkeit und Aktualität der Diagnose, Prognose und Überwachung der Krankheit
- Verbesserung der kognitiven Funktion und Belastbarkeit sowie Verzögerung oder Vorbeugung von kognitivem Verfall oder Demenz
- Verringerung der Symptome, Komplikationen und des Fortschreitens der Krankheit
- Verbesserung des Zugangs zu und der Einhaltung wirksamer und sicherer Behandlungen und Therapien

- Erhaltung der Lebensqualität und des Wohlbefindens der Person und ihrer Betreuer
- Reduzierung der sozialen und wirtschaftlichen Kosten und Belastung durch die Krankheit

Es ist wichtig, frühzeitig Maßnahmen zu ergreifen, wenn Sie oder jemand, den Sie kennen, über das Fortschreiten oder die Auswirkungen einer neurodegenerativen Erkrankung besorgt sind. Durch frühzeitiges Eingreifen können möglicherweise der Verlauf und das Ergebnis der Krankheit verändert und die Wahrscheinlichkeit einer positiveren Zukunft erhöht werden.

Kapitel 7

Lebensstilinterventionen und unterstützende Pflege

Bewegung und Physiotherapie

Bewegung und Physiotherapie sind zwei Arten von Lebensstilinterventionen, die Menschen mit neurodegenerativen Erkrankungen dabei helfen können, ihre Gehirnfunktion und Lebensqualität zu verbessern. Bewegung und Physiotherapie können verschiedene Vorteile haben, wie zum Beispiel:

- Verbesserung der Durchblutung, Sauerstoffversorgung, des Glukosestoffwechsels und der Neuroplastizität im Gehirn, was die kognitive

Funktion und Belastbarkeit verbessern und kognitiven Verfall oder Demenz verzögern oder verhindern kann.

- Verringerung der Symptome, Komplikationen und des Fortschreitens der Krankheit, wie z. B. Zittern, Steifheit, langsame Bewegungen, Gleichgewichtsstörungen, Muskelschwäche oder Spastik.

- Verbesserung des Zugangs und der Einhaltung wirksamer und sicherer Behandlungen und Therapien wie Medikamente, Immuntherapie oder Gentherapie durch Verbesserung der körperlichen und geistigen Gesundheit des Patienten.

- Erhaltung der Lebensqualität und des Wohlbefindens des Patienten und seiner Betreuer durch Steigerung der Stimmung, des Selbstwertgefühls und der psychischen Gesundheit sowie Reduzierung von Stress, Depressionen und Angstzuständen.

Bewegung und Physiotherapie können verschiedene Formen annehmen, wie zum Beispiel Aerobic, Krafttraining, Gleichgewichtstraining, Stretching oder Funktionstraining. Art, Intensität, Häufigkeit und Dauer von Übungen und Physiotherapie können je nach Art und Stadium der Erkrankung, der Verfügbarkeit und Zugänglichkeit der Intervention sowie der Präferenz und Compliance des Patienten variieren.

Daher ist es wichtig, einen Arzt zu konsultieren, bevor Sie ein Trainings- oder Physiotherapieprogramm für neurodegenerative Erkrankungen beginnen, ändern oder beenden. Bewegung und Physiotherapie sind vielversprechende und wirksame Lebensstilinterventionen, die Menschen mit neurodegenerativen Erkrankungen dabei helfen können, ihre Gehirnfunktion und Lebensqualität zu verbessern.

Ernährung und Diät

Ernährung und Diät sind zwei Arten von Lebensstilinterventionen, die Menschen mit neurodegenerativen Erkrankungen dabei helfen können, ihre Gehirnfunktion und Lebensqualität zu verbessern. Ernährung und Diät können verschiedene Vorteile haben, wie zum Beispiel:

- Versorgung des Gehirns mit essentiellen Nährstoffen, Antioxidantien und entzündungshemmenden Verbindungen, die die kognitive Funktion und Belastbarkeit verbessern und kognitiven Verfall oder Demenz verzögern oder verhindern können.

- Reduzierung der Risikofaktoren und Komplikationen der Krankheit, wie Herz-Kreislauf- und zerebrovaskuläre Erkrankungen, Diabetes, Fettleibigkeit oder metabolisches Syndrom, die das Gehirn schädigen und zur Neurodegeneration beitragen können.

- Verbesserung des Zugangs und der Einhaltung wirksamer und sicherer

Behandlungen und Therapien wie Medikamente, Immuntherapie oder Gentherapie durch Verbesserung der körperlichen und geistigen Gesundheit des Patienten.

- Erhaltung der Lebensqualität und des Wohlbefindens des Patienten und seiner Betreuer durch Steigerung der Stimmung, des Selbstwertgefühls und der psychischen Gesundheit sowie Reduzierung von Stress, Depressionen und Angstzuständen.

Ernährung und Diät können verschiedene Formen annehmen, beispielsweise bestimmte Lebensmittel, natürliche Nahrungsergänzungsmittel oder Diätpläne. Einige der Lebensmittel und Nahrungsergänzungsmittel, die aufgrund ihrer neuroprotektiven Eigenschaften empfohlen werden, sind Walnüsse, Omega-3-Fettsäuren, Vitamin D, Polyphenole und Probiotika.

Einige der Diätpläne, die mit einem geringeren Risiko für neurodegenerative Erkrankungen in Verbindung gebracht werden, sind die

Mittelmeerdiät, die ketogene Diät und die MIND-Diät. Art, Menge und Kombination von Nahrung und Diät können je nach Art und Stadium der Erkrankung, der Verfügbarkeit und Zugänglichkeit des Eingriffs sowie der Präferenz und Compliance des Patienten variieren.

Unterstützende Pflege und Dienstleistungen

Unterstützende Pflege und Dienste sind Arten von Interventionen, die darauf abzielen, Menschen mit neurodegenerativen Erkrankungen und ihren Betreuern emotionale, soziale und praktische Unterstützung zu bieten. Unterstützende Pflege und Dienste können verschiedene Vorteile haben, wie zum Beispiel:

- Verbesserung der Kommunikation und Beziehung zwischen dem Patienten, dem Pflegepersonal und dem Gesundheitsteam.
- Verbesserung der Bewältigungsfähigkeiten und Belastbarkeit des Patienten und der

Pflegekraft sowie Reduzierung von Stress, Depressionen und Angstzuständen.

- Auf unerfüllte Bedürfnisse und Präferenzen des Patienten und der Pflegekraft eingehen, z. B. Informationen, Aufklärung oder Ressourcen.

- Bereitstellung von Komfort, Würde und Lebensqualität für den Patienten und die Pflegekraft, insbesondere am Lebensende.

Unterstützende Pflege und Dienste können verschiedene Formen annehmen, beispielsweise Beratung, Aufklärung, Coaching, Selbsthilfegruppen oder ergänzende Therapien. Art, Intensität, Häufigkeit und Dauer der unterstützenden Pflege und Dienste können je nach Art und Stadium der Erkrankung, der Verfügbarkeit und Zugänglichkeit der Intervention sowie der Präferenz und Compliance des Patienten und der Pflegekraft variieren.

Kapitel 8

Unterstützung von Menschen mit neurodegenerativen Erkrankungen

Pflegestrategien

Die Pflege einer Person mit einer neurodegenerativen Erkrankung stellt besondere physische, emotionale und logistische Herausforderungen dar. Für eine wirksame Pflege ist es erforderlich, die fortschreitende Natur dieser Krankheiten zu verstehen, Geduld zu üben und der Selbstfürsorge Priorität einzuräumen. Auf das Krankheitsstadium zugeschnittene Strategien können dazu beitragen, die Funktionsfähigkeit des

Patienten zu maximieren und die Belastbarkeit des Pflegepersonals aufrechtzuerhalten.

Wenn man sich frühzeitig auf die Sicherheit des Zuhauses konzentriert, Routinen etabliert und die Unabhängigkeit fördert, stärkt man das Selbstvertrauen. Einfache Gedächtnishilfen wie Kalender, To-Do-Listen und Medikamentenspender unterstützen leichte kognitive Beeinträchtigungen. Durch die Normalisierung des Gebrauchs von Stöcken und Gehhilfen werden Stürze verhindert, wenn die Mobilität nachlässt.

Im mittleren Krankheitsstadium ist die Anpassung der Aktivitäten an die sich entwickelnden Fähigkeiten von entscheidender Bedeutung. Durch die Vereinfachung von Aufgaben in Schritt-für-Schritt-Anleitungen werden Verarbeitungshindernisse ausgeglichen. Durch verbale Hinweise oder Demonstrationen wird das gespeicherte prozedurale Gedächtnis genutzt. Die Beschäftigung mit kreativen Künsten, Sport oder Musik macht Freude und bewahrt die Identität.

Später helfen Betreuer dabei, erhebliche kognitive und funktionelle Behinderungen auszugleichen. Die Unterstützung bei Aktivitäten des täglichen Lebens wie Baden, Anziehen und Füttern wahrt die Würde. Durch die Vereinfachung der Kommunikation durch kurze Sätze oder nonverbale Interaktionen werden Verständnislücken geschlossen.

Während des gesamten Krankheitsverlaufs müssen sich die Pflegekräfte durch regelmäßige Pausen, Beratung und Entlastungsunterstützung auch um ihre eigene geistige und körperliche Gesundheit kümmern. Der Beitritt zu Betreuungsgruppen verringert die Isolation und sorgt für Solidarität. Um die Pflegepflichten zu teilen, ist es wichtig, die Unterstützung von Familie und Gemeinschaft in Anspruch zu nehmen.

Die Pflege neurodegenerativer Erkrankungen erfordert enorme Geduld, Anpassungsfähigkeit und Mitgefühl. Aber kleine tägliche Siege, wie das Anregen eines Lächelns oder Lachens, belohnen Sie auf der herausfordernden Reise. Das Aufrechterhalten von Hoffnungen und Träumen für die Zukunft, so bescheiden sie auch sein mögen, verleiht Sinn, wenn Krankheit viel kostet.

Vor allem gut informierte Pflegekräfte können die Lebensqualität durch einen reaktionsschnellen, patientenzentrierten Ansatz optimieren. Das Verständnis der emotionalen Auswirkungen der Krankheit ermöglicht es den Betreuern, zur Stimme zu werden, wenn Patienten nicht mehr für sich selbst eintreten können. Mit Hingabe und Selbstfürsorge vermitteln pflegende Angehörige unschätzbaren Trost und Würde.

Lebensqualität erhalten

Neurodegenerative Erkrankungen beeinträchtigen Funktion, Unabhängigkeit und Identität. Doch trotz tiefgreifender Verluste kann viel getan werden, um die Lebensqualität zu verbessern. Die Aufrechterhaltung sinnvoller Aktivitäten, sozialer Kontakte und Würde kann auch bei fortgeschrittener Krankheit Sinn und Hoffnung aufrechterhalten.

Die Teilnahme an Hobbys und kreativen Beschäftigungen, die an die aktuellen Fähigkeiten angepasst sind, bewahrt das Gefühl von Freude und Erfolg. Betreuer können Schritte für Aktivitäten wie Kochen, Rätsel oder Kunst vereinfachen, um Behinderungen Rechnung zu tragen und gleichzeitig die bereichernden Aspekte beizubehalten.

Musik verbessert die Stimmung und Lebensqualität sowohl für Patienten als auch für das Pflegepersonal. Das Singen Ihrer alten Lieblingslieder oder das Erlernen neuer Instrumente regt die Wahrnehmung an und reduziert Ängste und Unruhe. Tanzen ist zwar für Rollstühle oder Gehhilfen geeignet, fördert aber die Bewegung.

Humor und Lachen haben auch heilende Kraft. Das gemeinsame Anschauen von Komödien hebt die Stimmung aller und stärkt die sozialen Bindungen. Wenn es möglich ist, gibt es Trost, wenn man den Patienten erlaubt, ihren angeborenen Sinn für Humor zu bewahren.

Selbsthilfegruppen schaffen Solidarität und Gemeinschaft sowohl für Menschen mit neurodegenerativen Erkrankungen als auch für ihre Betreuer. Der Austausch von Geschichten und kreativen Techniken hilft, Isolation und Einsamkeit zu überwinden.

Die Beibehaltung spiritueller Praktiken, die je nach Bedarf angepasst werden, bietet durch Reflexion und Rituale Sinn und Trost. Naturerlebnisse wie der Besuch von Parks oder Gärten beruhigen den Geist. Berührungstherapien wie Massagen lindern Unruhe und vermitteln gleichzeitig Wärme und Fürsorge.

Selbst einfache Freuden, wie der Genuss von Lieblingsspeisen und -musik, das Anschauen beliebter Filme oder Fernsehsendungen, das Ansehen von Familienfotoalben oder das Sitzen im Freien, wecken positive Erinnerungen und Empfindungen. Das Finden täglicher Gelegenheiten für erhebende Sinneserlebnisse bereichert die Zeit trotz Verlusten.

Mit der Unterstützung der Familie und Einblicken in die individuellen Bedürfnisse und Wünsche der Patienten können Menschen selbst mit neurodegenerativen Erkrankungen einen erfüllten Tag gestalten. Während diese Krankheiten fortschreiten und sich schließlich als tödlich erweisen, erhalten menschliche Bindungen und einfache Freuden jeden Tag einen Sinn. Wenn man sich darauf konzentriert, den gegenwärtigen Moment zu bereichern, so bescheiden er auch sein mag, kann man die verbleibende Zeit und die verbleibenden Fähigkeiten optimal nutzen.

Rechtliche und finanzielle Planung

Die Diagnose einer neurodegenerativen Erkrankung erfordert die Planung zukünftiger rechtlicher und finanzieller Anforderungen, bevor die Erkenntnis nachlässt. Die frühzeitige Behandlung wichtiger Probleme optimiert die Lebensqualität und sorgt für Seelenfrieden.

Die Erstellung rechtlicher Dokumente wie Patientenverfügungen für das Gesundheitswesen und dauerhafte Vollmachten ist von entscheidender Bedeutung. Diese ermöglichen es bestimmten, vertrauenswürdigen Personen, medizinische und finanzielle Entscheidungen zu treffen, wenn Patienten dies nicht können. Unterlagen sollten erstellt werden, bevor eine wesentliche Beeinträchtigung eintritt.

Die Erteilung von Vollmachten trägt dazu bei, sicherzustellen, dass die Finanzverwaltung im Einklang mit den Werten steht, wenn das Urteilsvermögen ins Stocken gerät. Nachlassplanungsinstrumente wie Testamente und Trusts verteilen das Vermögen im Todesfall wie vorgesehen.

Eine Beeinträchtigung des Gedächtnisses kann die Rechnungszahlung und die Kreditwürdigkeit gefährden, weshalb eine automatische Rechnungszahlung oder die Verwaltung eines konsolidierten Kontos sinnvoll ist. Durch die frühzeitige Vereinfachung der Finanzen bleibt die Unabhängigkeit erhalten.

Die Ermittlung von Pflegepräferenzen anhand von Dokumenten wie Five Wishes führt zu Komfort, Essen, Besuchern und persönlicher Pflege. Es ist sinnvoll, Wünsche für die Lebensqualität im Falle eines Krankenhausaufenthalts zu formulieren.

Die Prognose der Pflegekosten hilft bei der Berechnung der erforderlichen Ersparnisse und des Versicherungsschutzes. Für die Absicherung von häuslicher Pflege, betreutem Wohnen oder Pflegeeinrichtungen kommt eine Pflegeversicherung in Betracht. Die Beratung durch Rechtsanwälte für ältere Menschen meistert komplexe Finanzangelegenheiten.

Durch die Erkundung kommunaler Ressourcen werden geeignete Wohn-, Erholungs-, Transport- und Unterstützungsdienste gefunden. Sich mit den Optionen vertraut zu machen, bevor ein intensiver Bedarf entsteht, ermöglicht später reibungslose Übergänge.

Durch die Einleitung von Gesprächen über das Lebensende innerhalb der Familien wird sichergestellt, dass die Pflege an den Werten der Patienten ausgerichtet ist, wenn ihnen die Entscheidungsfähigkeit fehlt.

Während neurodegenerative Erkrankungen große Unsicherheit mit sich bringen, stellt eine zukunftsorientierte Planung das Gefühl der Kontrolle wieder her. Durch die sorgfältige Regelung rechtlicher und finanzieller Angelegenheiten während der Haftzeit sichern Patienten ihre Wünsche in Bezug auf Gesundheit, Familie und Vermögen ab. Dies entlastet Ihre Lieben in schwierigen Zeiten, die vor Ihnen liegen. Mit Weitsicht und mutigen Gesprächen finden Familien Trost und Frieden.

Kommunikationstipps

Eine effektive Kommunikation mit jemandem, der an einer fortschreitenden neurokognitiven Beeinträchtigung leidet, erfordert Geduld, Kreativität und Mitgefühl. Die Anpassung der Ansätze an die individuellen Bedürfnisse und

Defizite der Person fördert Engagement und Verständnis.

Sprechen Sie langsam und in kurzen, einfachen Sätzen, um das Verständnis zu fördern. Planen Sie ausreichend Zeit für Antworten ein. Beseitigen Sie Ablenkungen und stellen Sie vollen Augenkontakt her, um die Aufmerksamkeit zu fokussieren.

Verwenden Sie orientierende Hinweise wie Namen, Daten und Orte, um Kontext bereitzustellen. Schreiben Sie Schlüsselwörter auf, um die Hauptideen zu untermauern. Halten Sie die Anweisungen konkret und Schritt für Schritt.

Wenn die Wortfindung scheitert, machen Sie sanfte Vorschläge oder füllen Sie die Lücken. Vermeiden Sie Quizfragen. Gestalten Sie das Gespräch stattdessen locker und entspannt. Bringen Sie Notizen oder Fotos mit, um Geschichten zu veranschaulichen.

Erlauben Sie der Person, mit allen möglichen Mitteln zu kommunizieren, sei es durch Sprechen, Schreiben, Zeigen oder Gestikulieren. Überprüfen

Sie Ihr Verständnis, indem Sie wichtige Punkte zusammenfassen oder wiederholen.

Um Ängste zu lindern, bieten Sie durch ruhige Töne und beruhigende Körpersprache Beruhigung an. Erkennen Sie die Gefühle hinter Worten oder Verhaltensweisen an. Ablenkung und Umleitung funktionieren besser als Streiten.

Betreuer können sinnvolles Engagement fördern, indem sie Nachrichten, Musik, Gedichte oder religiöse Passagen teilen. Beim gemeinsamen Betrachten von Fotoalben kann auf ein intaktes Langzeitgedächtnis zurückgegriffen werden.

Gemeinsames Lachen stärkt die Bindung, wenn es sensibel eingesetzt wird. Humor lindert Stress und Unbehagen. Konzentrieren Sie sich auf das Positive und die Freude, gemeinsam präsent zu sein.

Bewahren Sie vor allem Würde und Persönlichkeit. Vermeiden Sie es, herunterzureden, zu korrigieren oder zu schelten. Behalten Sie die Erwachsenenrollen bei und verwenden Sie den bevorzugten Namen der Person. Respektieren Sie die Realität des Einzelnen, um Vertrauen aufzubauen.

Trotz tiefgreifendem Gedächtnisverlust bleiben Engagement und Ausdruck durch kreative, mitfühlende Kommunikation möglich. Sich auf die unter den Krankheitssymptomen bewahrte Essenz des Menschen zu beziehen, vermittelt Respekt und Fürsorge auf dem schwierigen Weg.

Abschluss

Wie wir in diesem Einführungsleitfaden gesehen haben, stellen neurodegenerative Erkrankungen eine erhebliche Bedrohung für die Gesundheit unseres Gehirns und Nervensystems dar. Die fortschreitende und schwächende Natur von Erkrankungen wie Alzheimer und Parkinson unterstreicht die Notwendigkeit verstärkter Forschungsanstrengungen und medizinischer Fortschritte.

Obwohl es noch keine Heilmittel gibt, lösen Wissenschaftler die komplexen neurologischen Rätsel, die diese Erkrankungen aufwerfen. Obwohl die Neurodegeneration noch nicht rückgängig gemacht oder definitiv verhindert werden kann, können die in diesem Buch beschriebenen

Behandlungen und Änderungen des Lebensstils die Lebensqualität erheblich verbessern und das Fortschreiten der Symptome verlangsamen.

Frühzeitiges Eingreifen ist von entscheidender Bedeutung, da dauerhafte Schäden auftreten können, bevor offensichtliche Anzeichen auftreten. Bessere Langzeitprognosen sind jedoch möglich, wenn man auf subtile kognitive oder motorische Veränderungen aufmerksam bleibt, umgehend ärztlichen Rat einholt und neue Therapien wie eine Immuntherapie in Betracht zieht.

Auch wenn die Pflege einer Person mit neurokognitiven Beeinträchtigungen zweifellos eine Herausforderung darstellt, haben wir Tipps zur Wahrung von Würde und Engagement in jeder Phase durch durchdachte Pflegeansätze erkundet. Darüber hinaus stehen zahlreiche rechtliche, finanzielle und gesundheitsbezogene Ressourcen zur Verfügung, um weitere Unterstützung zu leisten. Mit einer Kombination aus medizinischer Behandlung, Änderungen des Lebensstils, Unterstützung durch Pflegekräfte und Fortschritten in der Forschung sieht die Zukunft für Menschen mit neurodegenerativen Erkrankungen rosiger aus.

Indem wir erfahren, wo wir heute beim Verstehen, Diagnostizieren und Behandeln dieser Störungen stehen, befähigen wir uns, den bevorstehenden Veränderungen mit Wissen, Ressourcen und Hoffnung zu begegnen. Obwohl viele Aspekte von Krankheiten wie Alzheimer und Parkinson immer noch rätselhaft sind, sind die Fortschritte stetig.

Die leidenschaftliche Arbeit von Ärzten, Wissenschaftlern und Befürwortern bringt uns der Entdeckung wirksamer Mittel zur Erkennung, Behandlung und Vorbeugung von Neurodegeneration immer näher.

Verweise

1. Alzheimer-Vereinigung. (2019). Fakten und Zahlen zur Alzheimer-Krankheit 2019. Alzheimer & Demenz, 15(3), 321-387. https://doi.org/10.1016/j.jalz.2019.01.010

2. Cohen, A. (2018). Sich um einen geliebten Menschen mit Demenz kümmern: Wenn ich damals nur wüsste, was ich jetzt weiß. Jessica Kingsley Verlag.

3. Jack, C.R., Bennett, D.A., Blennow, K., Carrillo, M.C., Feldman, H.H., Frisoni, G.B., Hampel, H., Jagust, W.J., Johnson, K.A., Knopman, D.S., Petersen, R.C., Scheltens, P. , Sperling, R.A. & Dubois, B. (2016). A/T/N: Ein unvoreingenommenes beschreibendes Klassifizierungsschema für Biomarker der Alzheimer-Krankheit. Neurology, 87(5), 539-547.

https://doi.org/10.1212/WNL.00000000000
02923.

Ressourcen

Hier finden Sie Ressourcen, die Sie nutzen können, um mehr über neurodegenerative Erkrankungen und deren Behandlung zu erfahren:

- [Neurodegenerative Erkrankungen: Was sie sind und welche Arten sie haben – Cleveland Clinic](https://my.clevelandclinic.org/health/diseases/17827-neurodegenerative-diseases)
- [Neurodegenerative Erkrankungen – National Institute of Environmental Health Sciences](https://www.niehs.nih.gov/health/topics/conditions/neurodegenerative/index.cfm)
- [Der Weg nach vorn: Behandlung und Heilung neurodegenerativer Erkrankungen vorantreiben](https://www.fastercures.org/a

ssets/Uploads/Neurodegenerative-Diseases-Report.pdf)

- [Lösung der Neurodegeneration: Gemeinsame Mechanismen und Strategien für neue Therapien](https://www.nature.com/articles/s41586-021-03594-0)

- [Neurodegenerative Erkrankungen: Verbesserung der Ergebnisse durch Ernährung](https://www.todaysdietitian.com/newarchives/0320p24.shtml)

- [Präventives und therapeutisches Potenzial körperlicher Betätigung bei neurodegenerativen Erkrankungen](https://www.frontiersin.org/articles/10.3389/fnins.2017.00688/full)

- [Grenzen | Unterstützende Betreuung neurodegenerativer Patienten](https://www.frontiersin.org/research-topics/14661/supportive-care-of-neurodegenerative-patients)

- [Alzheimer-Vereinigung | Hilfe bei Alzheimer und Demenz](https://www.alz.org/)

- [Parkinson-Stiftung: Bessere Leben. Zusammen.](https://www.parkinson.org/)
- [ALS Association](http://www.alsa.org/)
- [Huntington's Disease Society of America](https://hdsa.org/)
- [National Multiple Sclerosis Society: Startseite](https://www.nationalmssociety.org/)